AUX ALGÉRIENS

PAR

Henri Bonnin MOZEROL

ALGER
TYPOGRAPHIE BASTIDE
—
1870

AUX ALGÉRIENS

PAR

Henri Bonnin MOZEROL

ALGER
TYPOGRAPHIE BASTIDE
—
1870

AUX ALGÉRIENS.

Habitants de l'Algérie ! Vous allez entrer dans une ère nouvelle, mais elle ne sera pas plus heureuse que celles qui l'auront précédée ; et l'on vous apprête aujourd'hui une nouvelle organisation, qui ne sera pas plus féconde que ses aînées.

Vous aurez seulement, après tant de péripéties, ce désavantage, que cette fois vous aurez été consultés, si tant est cependant que l'on daigne vous consulter.

De l'enquête faite par M. Le Hon, il est résulté un programme qui résume les vœux émis par la généralité des colons.

Eh bien! je le dis avec chagrin, ce programme, lors même qu'il serait réalisé textuellement, serait loin de donner à l'Algérie cette énergie vitale, cet élan vers le progrès, qui lui sont nécessaires pour vaincre les nombreux obstacles naturels et sociaux qui s'opposent à son développement.

Colons algériens, vous avez, paraît-il, demandé l'assimilation à la France! Avez-vous donc oublié ce qu'est la France, ou ne savez-vous pas encore ce qu'est l'Algérie! Comment, si vous le savez, avez-vous pu demander que des institutions similaires fussent appliquées à deux pays essentiellement différents ?

En France, tout est fait, tout est réglé depuis longtemps. Le sol est habitué à produire, il est largement arrosé, les populations sont homogènes, réunies par un puissant sentiment de nationalité. La richesse publique est constituée.

En Algérie, tout est à faire. Les plaines sont tour à tour inondées ou desséchées ; les montagnes sont pour la plupart stériles, rocheuses et nues ; le sol est riche et d'une grande fertilité, mais en partie couvert de broussailles et de palmiers-nains. Les populations algériennes sont hostiles, et, ce qui est plus grave, elles sont opposées à notre civilisation par leur religion et leur origine, et rendues défiantes par l'asservissement et les malheurs que leur a causés le seul contact d'une civilisation supérieure. Le climat est beau, mais généralement inégal et parfois malsain, à cause du voisinage du désert et de la nudité des montagnes. Enfin, la fortune publique est encore à créer; le poids d'une seule année mauvaise suffit pour écraser les Arabes, et les colons, plus actifs et plus industrieux, en sont eux-mêmes éprouvés.

Et c'est dans de semblables conditions que vous demandez l'assimilation à la France, avec toute la kyrielle d'impôts et de règlements qu'elle-même a peine à supporter! Impôts de douanes, de contributions directes et indirectes, impôt d'enregistrement, etc. Voulez-vous donc, lorsque vous aurez planté du tabac, n'avoir pas le droit d'en arracher une feuille sans qu'un agent du fisc qui a soigneusement compté toutes celles de votre champ, ne vous fasse un procès? Voulez-vous ne pouvoir transporter vos boissons, sans déclaration et paiement de droit préalables? Ne pouvoir ouvrir une fenêtre sans que vos contributions augmentent? Voulez-vous voir doubler les droits d'enregistrement, payer pour vos terres, payer des droits de mutation, payer pour vos maisons, pour les voitures publiques, pour le sel, enfin subir l'exercice des droits réunis, etc. Vous croyez-vous en état de ne pas plier sous ces charges?

Voulez-vous enfin infliger à l'enfant qui se développe péniblement le poids que l'homme adulte supporte avec impatience et, est-ce lorsque la France vigoureuse étouffe sous les règlements et les impôts et demande un peu de liberté, que vous voulez attacher au même joug, l'Algérie naissante qui a surtout besoin d'indépendance ?

Colons français qui, par vos justes plaintes et votre louable persévérance, avez amené le mouvement qui se produit aujourd'hui, c'est à vous que je m'adresse. Vous avez en défiance les indigènes de l'Algérie. Vous savez bien que de longtemps l'Arabe ne fécondera pas la terre algérienne, parce qu'il est fataliste et paresseux. L'Israélite est un commerçant, et ce sont surtout des bras laboureurs qu'il faut ici. Vous savez bien aussi avec quelle ténacité les races sémitiques s'arrêtent dans leurs mœurs et dans leurs superstitions, et vous n'espérez pas, sans doute, vous les assimiler de bien longtemps. C'est donc à l'Européen que vous faites appel : à l'Allemand qui, chaque année, colonise une partie du nouveau-monde ; à l'Anglais qui semble porter avec lui, partout où il va, le génie du succès ; à l'Espagnol et à l'Italien, qui habitent des climats semblables aux nôtres. Il est temps de comprendre que pour vous attirer ces populations courageuses, cet avenir du pays, et leur enlever la méfiance qu'elles ont à bon droit pour votre Algérie, il faut leur donner l'assurance que de nouveaux bouleversements ne viendront pas pour la dixième fois renverser les fortunes, changer les conditions d'existence, remettre tout en question? Il est temps de comprendre que c'est les effrayer et les repousser que leur mettre en perspective la lourde pression administrative et les impôts prêts à fondre sur eux au gré du gouvernement français.

Ce qu'il faut aux Européens pour qu'ils se décident à venir en Algérie, et en particulier aux races saxonnes, qui plus que toutes les autres, présentent de précieuses qualités, c'est l'indépendance, c'est la faculté de gérer leurs propres affaires, d'élire leurs représentants, enfin, d'être gouverné le moins possible. Donnez-leur cette indépendance que des milliers d'Allemands vont tous les ans chercher au-delà de l'Atlantique, et vous verrez bientôt des flots de travailleurs se presser dans vos ports, vos broussailles disparaître et vos campagnes se couvrir de cultures.

L'Algérie veut aujourd'hui envoyer trois députés au Corps législatif. Comment n'a-t-on pas remarqué que ces trois hommes iront se perdre au milieu de trois cents autres? Pense-t-on que le Corps législatif n'ait autre chose à faire que d'écouter les députés algériens? Mais enfin je veux qu'on les écoute et qu'on leur laisse toute la latitude relative que comporte le temps d'une session. Ils exposeront donc pendant ce temps toujours très-limité les besoins de l'Algérie, et pendant le reste du temps ils écouteront sans y prendre un bien vif intérêt, discuter les impositions extraordinaires de la ville de Wormhoudt ou les surtaxes de l'octroi de Pont-Audemer. Sera-ce donc assez d'un temps si court pour expliquer à une assemblée si éclairée et si attentive qu'elle soit, les affaires très-compliquées et très-délicates d'un pays comme l'Algérie où se heurtent des éléments si hétérogènes ? Pense-t-on qu'après les discours des députés algériens, leurs collègues connaîtront parfaitement les besoins de l'Algérie, ses relations commerciales, ses richesses agricoles et industrielles, l'esprit, les mœurs des populations qui l'habitent, connaissances nécessaires pour juger sainement et porter des lois judicieusement motivées ? Bien plus, ne peut-il se faire qu'entre ces trois députés, il y ait dissentiment ? Est-il impossible que sur certains points ils soient d'avis différents ? Evidemment non. Mais alors, dans quel singulier embarras se trouvera le Corps législatif, incapable de décider entre eux, de savoir de quel côté est la vérité !

Ce qu'il faut à l'Algérie, ce n'est pas trois députés, c'est cinquante au moins ; et ce n'est pas à Paris qu'ils doivent siéger, c'est à Alger.

Et maintenant, ce n'est plus seulement à des Français que je m'adresse, c'est à tous les hommes qui ont consacré à l'Algérie leurs bras ou leur intelligence et lui demandent en retour l'existence et le prix de leurs travaux. A quelque nationalité qu'ils appartiennent, Français, Allemands, Suisses, Irlandais, Espagnols, Italiens, Israélites, Kabyles même (et je n'excepte les Arabes que parce qu'ils sont encore trop énervés par une longue oppression pour comprendre leurs véritables intérêts); je m'adresse à tous ces hommes, et je leur dis : « Par le fait de votre arrivée en Algérie, vous avez perdu les caractères qui vous éloignaient les uns des autres, et vous êtes soustraits aux intérêts opposés qui excitent les haines nationales. C'est pourquoi il n'y a plus entre vous de distinctions; vous êtes aujourd'hui solidaires et vous formez un corps de nation. Mais alors, qui donc mieux que vous connaîtra les institutions qui vous sont nécessaires? Qui donc mieux que vous déterminera de quels impôts vous devez être frappés, pour que la fortune publique s'accroisse sans que les intérêts privés soient compromis? Qui donc mieux que vous saura de quels hommes ont besoin vos champs ou vos ateliers et, par conséquent, quelle éducation il faut donner à vos enfants? Mais s'il est vrai que d'après toutes les règles de l'équité vous soyez les seuls juges de ces questions, et devez être les arbitres de vos destinées, pourquoi donc aller demander à Paris les suffrages d'une lointaine assemblée, qui ne peut vous prêter qu'une attention distraite, surtout maintenant qu'elle supporte presque tout le poids de la France, et qu'elle a à résoudre les questions ardues de la politique européenne. »

Habitants de l'Algérie, vous appartenez à des nationalités bien diverses, mais cependant, il se trouve qu'aujourd'hui vous cultivez la même terre, vivez dans les mêmes maisons, avez à vaincre les mêmes obstacles, vous êtes donc forcément unis par les mêmes intérêts et désormais vous avez une patrie commune, c'est l'Algérie. C'est pourquoi je ne vois plus en vous que des Algériens, et je veux vous convaincre qu'il faut que vous cherchiez en vous-mêmes les éléments de votre prospérité. Il faut donc que vous suppliiez la France de vous donner la liberté, qui vous communiquera la force de vous accroître et que vous lui persuadiez qu'après avoir conquis ce pays sur la barbarie, il est de son intérêt de l'ouvrir à la civilisation. Or, la civilisation et la prospérité ne connaissent point d'autre porte ouverte que la liberté. C'est vers ce but que doivent tendre les efforts des Algériens. Il faut qu'ils réclament dans leurs journaux, dans leurs publications et dans leurs assemblées, le droit de se gouverner eux-mêmes. Et s'ils le font, s'ils montrent qu'ils ont assez de sagesse pour aimer la liberté et en connaître le bienfait, ils l'obtiendront, parce qu'ils se rallieront le parti libéral, dont la puissance n'est plus douteuse, qui a déjà beaucoup fait pour l'Algérie, et qui ne l'abandonnera pas dans cette revendication si juste et si profitable à la France et à sa colonie.

En effet, quel avantage ne serait-ce pas pour la France d'avoir en face d'elle, à trente-six heures de Marseille, une colonie riche, prospère, au lieu d'un boulet qu'elle traîne à sa suite, d'un appendice gênant qu'elle ballotte depuis trente ans de constitutions en décrets et de régime civil en régime militaire ! Elle erre sans cesse parce qu'elle ne connaît rien de l'Algérie, ni ses populations, ni ses désirs, ni ses richesses, ni ses misères; tandis qu'une assemblée algérienne, libre de discuter et d'édifier, saurait trouver les lois qui lui conviennent.

Ce riche pays qui fut autrefois le grenier de Rome, pourrait encore verser sur la France d'immenses quantités de céréales. Malgré les incendies dont les ravages ont dégarni les sommets qui ne présentent plus aujourd'hui que des crêtes rocheuses déchaussées par les pluies, ce pays possède encore quelques belles forêts et quelques vallées arrosées, et partout de la terre d'une richesse prodigieuse. Il est de vastes régions, où les eaux descendant en torrents des sommets dénudés, creusent dans les plaines des ravins de vingt mètres de profondeur, sans trouver encore le fonds de la terre végétale, qui vierge et puissante donnera sans engrais et presque sans labours, les plus beaux blés.

Enfin, entourée de peuplades divisées et incapables de tenir devant le progrès de la civilisation, l'Algérie prospère, n'a d'autres limites à son développement que l'Égypte d'une part et l'Océan de l'autre. N'est-ce pas un but digne d'un grand peuple, que de donner à la civilisation ces immenses régions, et d'acquérir sur la Méditerranée et aujourd'hui sur la route des Indes, cette étendue de côtes ?

Que faut-il pour cela, des flottes, des armées, des millions dépensés pour conquérir et élever des forteresses ? Non, rien que la liberté. Cette liberté se chargera d'appeler le travail et le capital, de décupler la population, de faire éclater les frontières, et d'envahir sinon tout-à-fait pacifiquement, au moins rapidement et économiquement toutes les peuplades voisines, qui s'inquiètent fort peu d'être soumises au bey de Tunis, à l'Empereur des Français ou à celui de la Chine.

La France veut aujourd'hui constituer l'Algérie à un point de vue étroit. Elle veut se l'assimiler, ce qui est impossible et serait inutile lors-même que ce serait réalisé. Au lieu de faire appel à tous les hommes et de se rallier toutes les forces vives du pays, elle ne veut tenir compte que de l'élément français. Elle éloigne ainsi toutes les richesses que pourraient verser sur sa colonie les peuples européens qui ont mêmes croyances, mêmes habitudes, mêmes idées de progrès que nous-mêmes. Ces peuples ne demandent qu'à se jeter en Algérie, mais il faut leur offrir des garanties, et la première de toutes c'est la liberté de se gouverner soi-même. Ils seront Algériens tant que vous voudrez, mais ils ne voudront pas devenir Français, parce qu'il répugne à des hommes libres d'abjurer leur nationalité, et parce qu'étant Français ils auraient à craindre les changements de gouvernement, les changements de politique, qui pourraient à un jour donné les prendre au milieu des campagnes algériennes et les envoyer combattre aux frontières françaises, peut-être contre leurs frères.

Mais par une erreur bien funeste, la France qui éloigne les Européens de sa colonie, et qui s'isole dans sa conquête, tend les bras aux Indigènes. Elle sent bien que pour que l'Algérie cessât d'être une colonie et devînt une partie intégrante d'elle-même, il faudrait que sa population se composât d'un nombre considérable de Français relativement à celui des étrangers. Or, c'est précisément l'inverse qui a lieu, car je considère comme des étrangers, et bien plus étrangers à nous que des Allemands ou des Italiens, les Indigènes de l'Algérie.

C'est pourquoi une idée bizarre est venue à l'esprit de nos hommes d'Etat. Ils ont imaginé de faire des citoyens français de tous les Arabes et tous les Israélites algériens. La question est aujourd'hui pendante pour les Israélites. Pourquoi cependant employer la force d'une loi pour en faire des Français, puisqu'ils peuvent tous les jours le devenir par un acte de leur volonté ? N'est-il pas évident que si les Israélites ne se rangent point à notre nationalité, c'est qu'ils n'y trouvent pas d'avantage et qu'ils ne le veulent pas ? Prétendez-vous les contraindre ! Vous n'ignorez pas sans doute que jamais la persécution n'a eu raison de cette race opiniâtre dans ses mœurs, qui tirent leur origine de dogmes religieux. Voulez-vous les laisser libres de refuser ? Mais alors vous comptez qu'ils ne refuseront pas par ignorance, insouciance ou crainte. Ce tour d'escamotage politique ne peut avoir de succès ; les Israélites refuseront probablement une loi imposée, qui présente quelques textes contraires à leur foi, et ne le feraient-ils pas, ils deviendraient Français de nom, sans l'être de cœur.

De bonne foi, comment peut-on s'arrêter dans cette opinion qu'il suffit d'un trait de plume pour changer tout un peuple ! Il y a quelques années un décret impérial a décidé que les Arabes devenaient Français ; qu'en est-il résulté ? Les Arabes ne sont-ils plus ce qu'ils étaient auparavant? Se sont-ils rapprochés de nous? Sont-ils devenus moins sales, moins vils, moins rampants vis-à-vis des bureaux arabes? Non ! Mais alors à quoi bon un changement de qualité, inutile à eux, et blessant pour nous.

Bien différente et bien plus digne était la politique des Romains. Nous, nous offrons le droit de cité à quiconque daigne l'accepter. Eux, ils le retenaient avec une fierté jalouse. Et ce droit, à raison de la difficulté de l'obtenir, était si honorable et si recherché que l'on eut un jour cet étrange spectacle de peuples vaincus combattant, non plus pour recouvrer leur indépendance, mais pour se rapprocher de leurs vainqueurs.

Après ce qui précède, il resterait à formuler un programme. Ce programme ne peut être que le résultat des méditations de chacun. Il est à désirer que tout homme de bonne volonté expose ses idées. J'aurai peut-être occasion d'exposer les miennes sur ce problème difficile dont la solution appartient au futur congrès algérien.

L'auteur concède, à qui veut le prendre, le droit de reproduire et de traduire le présent écrit.

Alger. — Typ. Bastide.

www.ingramcontent.com/pod-product-compliance
Lightning Source LLC
Chambersburg PA
CBHW071421060426
42450CB00009BA/1964